Meine Droge & Ich

Liebe, Leben & Befreiung

von einer narzisstischen Partnerschaft

von Lisa Decrow

© 2021
Herstellung und Verlag:
BoD – Books on Demand, Norderstedt
ISBN: 978-3-7534-4401-7

Inhaltsverzeichnis

Einführung

Wir alle kennen es!

„Er/Sie ist die Liebe meines Lebens!"

„Ich will doch nur verstehen, was er/sie will!"

„Ich glaube nicht, dass er/sie mich die ganze Zeit belogen haben soll!"

„Was habe ich nur falsch gemacht?" oder „Egal was ich tu, ich mache es immer wieder kaputt und wir streiten dann!"

Dies sind Aussagen, die jedes Opfer einer narzisstischen Beziehung trifft.

Ich selbst habe auch einen Narzissten geliebt und musste schmerzlich erfahren, dass diese Liebe einen Menschen kaputt macht.

Nur wenige Menschen schaffen es aus solchen Beziehungen heraus.

Ich selbst habe über 2 Jahre gebraucht und mich für einen Narzissten aufgeopfert.

Ohne Hilfe von Freunden und einen besonderen Mann, der keine Mühen gescheut hat, mich aus dieser Situation zu holen und mein Herz zu erobern, hätte ich es vermutlich noch immer nicht aus dieser ungerechten Beziehung geschafft.

Im Laufe der Zeit habe ich jedoch auch andere Menschen getroffen, denen es genauso geht.

Die Personen wechseln ständig, aber ihre Geschichte ist immer identisch.

Erst vor kurzem habe ich eine alte Freundin wiedergetroffen.

Diese befand sich schon in einer Beziehung mit einem Narzissten, bevor wir den Kontakt verloren.

Obwohl sie selbst genau weiß, dass diese Beziehung und diese Liebe zu ihm ihr Leben schwer und kaputt macht, befindet sie sich noch heute in dieser aussichtslosen Beziehung.

Es sind bei ihr mittlerweile 6 Jahre des psychischen Terrors dieser Partnerschaft, die sie innerlich so zerstört.

Findet ihr es nicht auch schade, dass man sein Leben nur noch von den Gedanken, Gefühlen und Handeln seines Partners ausmacht und sogar ständig in Angst lebt etwas „falsch" zu machen?

Schluss damit!

DU hast etwas Besseres verdient!

In diesem Buch werde ich euch nicht nur die Opferrolle, das Handeln und Denken oder die Liebe zu einem Narzissten erklären.

Ich werde euch auch Schritt für Schritt aufzeigen, wie man sich am besten von dieser Person befreit.

Auch ich habe 2 Jahre lang immer wieder Tipps bekommen, deshalb kann ich euch auch die Frage, ob die Befreiung wirklich funktioniert, beantworten.

WOLLEN!

Dies ist das Zauberwort und bis du an diesem Punkt gelangst, verlangt deine Seele dir viel Arbeit ab.

Was nützt also ein guter Rat, wenn man ihn zwar versteht, jedoch sofort wieder in alte Muster hineinfällt und das komplette Gegenteil macht?

Der Narzisst

Der Narzisst ist nicht immer männlich.
Es kann genauso gut eine Frau die Rolle
des Narzissten übernehmen.

Die narzisstisch veranlagte Person weiß
auf keinen Fall, dass sie einer ist.

Es handelt sich hierbei um eine
Persönlichkeitsstörung.

Meist bezeichnet man einen
selbstverliebten, arroganten und
rücksichtslosen Menschen als solchen.

Dies ist aber komplett falsch!

Nach außen hin gibt sich dieser Mensch
als stark, egoistisch und selbstbewusst.

Jedoch ist es in Wahrheit völlig anders!

Innerlich sind Narzissten mit einem
Mangel an Selbstwert behaftet und
kämpfen für jede Art von Bewunderung.

Sie sind unfähig nur die kleinste Kritik einzustecken und bewerten das eigene Ego viel höher als das der anderen.

Sie wissen sich dafür sehr genau zu präsentieren und schrecken auch nicht vor Lügen zurück, um Neider zu erhaschen und Erfolge zu feiern.

Ein kleines Beispiel aus meiner eigenen Erfahrung heraus:

Ständig wurde mir von ihm gesagt, dass er nichts Besonderes sei. Niemand könnte ihn lieben und immer wurde er betrogen.

Ich, die alles für ich getan habe und hätte, wurde weggestoßen.

Er suchte immer dann, wenn es gerade richtig gut zwischen uns lief einen Punkt, an dem er sich störte und entfachte so einen Streit.

Nicht nur, dass er ihn selbst verursachte, nein, er ließ es auch noch so für mich darstellen, dass ich mich schuldig fühlte.

Nach jedem Streit hörte ich oft Tage nichts von ihm und dann kam es.

Er setzte das, was er am besten konnte ein, um Bewunderung von mir zu erhaschen. Vielleicht bekam er auch nicht nur von mir die Bewunderung, sondern genauso gut von anderen Frauen.

Fakt ist, er wusste, dass er in einer Sache besonders gut war und er wusste, dass es sein Ego stärken würde.

So machte er sich neue Bauprojekte zur Aufgabe und nach Fertigstellung stellte er diese ins Internet.

Wenn ich es sah und keine Reaktion von mir kam, da wir im Streit auseinander gingen, schickte er mir sogar Bilder und Videos zu.

Ich reagierte, wie er es wollte, denn auch ich wollte den Kontakt zu ihm und dieses „Es ist alles wieder gut" zurück!

Ich bewunderte ihn dafür und schon war sein Leben wieder in Ordnung.

Was ich euch damit sagen möchte ist, dass dieser Narzisst vor nichts zurückschreckt, um Zuwendung und Anerkennung zu gewinnen.

Er präsentiert sich mit dem was er am besten kann. Dies kann persönlicher Erfolg sein, ein luxuriöser Lebensstil oder ein besonderes Hobby. Etwas, wovon er genau weiß, dass du es großartig finden wirst.

Er hat viele Probleme mit sich selbst.

Dies kann die Arbeit betreffen, Freunde oder Beziehungen jeglicher Art.

Aber mit einem musst du dir im Klaren sein:

DU KANNST IHN NICHT HEILEN!

Egal was du tust, du kannst einen Narzissten nicht vollständig glücklich machen.

Es liegt ihnen in der Seele unglücklich und schnell enttäuscht von seinen Mitmenschen zu sein, wenn er nicht wie gewohnt die besondere Behandlung von ihnen erhält, die er seiner Meinung nach verdient.

Es braucht einen Psychologen, der den Narzissten in deinem Partner heilen kann, denn es liegt weder an dir noch an ihm, dass er so ist wie er ist.

Diese Persönlichkeitsstörung wird meist schon in der frühen Kindheit ausgelöst. Vielleicht wurde er von der Mutter oder dem Vater zu sehr verwöhnt und bekam alles was er nur wollte.

Vielleicht wurde aber auch gerade in jungen Jahren sehr viel Kritik an ihm ausgeübt.

Genauso gut kann es sein, dass einer seiner Elternteile eine narzisstische Veranlagung hatte, die sich auf ihn übertragen hat.

Es kann viele verschiedene Ursachen haben, die einen aus einem Menschen einen Narzissten machen.

Jedoch ist es genauso wie mit jeder anderen Sucht oder psychischen Krankheit. Niemand wird sich wohl offenkundig eingestehen ein Narzisst zu sein.

Diese Menschen machen einfach nichts anderes als den Mangel an Liebe und Anerkennung sowie Unterstützung durch Übertonung ihres eigenen Wertes in der Gesellschaft und vor allem beim Partner zu ersetzen.

Jedoch sollte man nicht jeden Menschen, der Selbstbewusst in der Öffentlichkeit auftritt als Narzissten bezeichnen.

Im Grunde ist ein Narzisst nicht fähig echte Liebe entgeg10enzubringen. Er wird am Anfang der Beziehung oder des Kennenlernens oft auffällig selbstbewusst, charmant und verständnisvoll sein.

Doch schon nach kurzer Zeit wird dieses Verhalten in das komplette Gegenteil umschlagen.

Er ist so sehr auf sich selbst fixiert und sieht nur wie gut sein Partner seine Bedürfnisse erfüllt, dass er gar nicht in der Lage ist, jemanden aufrichtig zu lieben.

Wie erkenne ich, ob mein Partner ein Narzisst ist?

Viele Menschen wissen zunächst gar nicht, dass die liebe und überzeugende Person, die sie kennengelernt haben, ein Mensch mit einer Persönlichkeitsstörung ist.

Es ist auch keine Schande, wenn man sich geradewegs in einer narzisstisch veranlagten Person verliebt.

Natürlich gibt es auch Ausnahmen, die eine selbstbewusste Persönlichkeit haben und sich dennoch zu einem Narzissten hingezogen fühlen

Nur wird sich eine selbstbewusste Person, nicht auf Dauer auf die Spielchen des Narzissten einlassen.

Damit du einen Narzissten erkennst, gebe ich dir hier ein paar von vielen Anzeichen, die ein Narzisst hat.

1. Arrogantes Verhalten

Er wird seine eigenen Gefühle immer über die der anderen stellen.

Wenn du mit ihm streitest, wird er nie seine Schuld eingestehen im Gegenteil.

Ein Narzisst hat immer Recht und glaubt, dass er zu allem berechtigt ist.

Er wird nicht auf die Gefühle des anderen richtig eingehen können und prahlt gern mit dem was er hat oder kann.

Er hat also einen Status und den will er wahren.

Diesen Staus drückt er auch gern mit materiellen Dingen aus.

Es können die neusten Sachen oder ein schickes Auto sein, denn ein Narzisst achtet gern auf sein Aussehen und Ansehen.

Sein Ansehen in der Gesellschaft ist ihm besonders wichtig. Er wird dir oft sagen, dass es ihm egal ist, was die Leute über ihn reden.

Aber genau dies ist ihm nicht egal!

Ihm ist es wichtig, dass möglichst viele Menschen gut über ihn reden und denken.

Er sieht gut aus und das weiß er zu nutzen, zumindest äußerlich.

Man wird ihn auch dabei ertappen, dass er gelegentlich das Werk von anderen Menschen schlecht redet, um sich besser darzustellen.

Niemand kann ihm das Wasser reichen und dies macht er deutlich.

2. Er ist ein Meister der Manipulation

Da du ihn liebst und offen zu ihm bist, kennt er dich genau.

Er wird dir immer zeigen, dass er die Zügel in der Hand hat.

Dies tut er immer genau dann, wenn du nicht so bist, wie er es gernhätte.

Das muss er tun, wenn er sicherstellen will, dass er immer das von dir bekommt, was er will und wann er es will und nicht wann du es möchtest.

Dies ist ein sehr wichtiger Punkt, denn es geht hier absolut **nicht um dich** und das muss dir klar werden!

Er wird alles tun und deine Schwächen nutzen, um seiner Persönlichkeit mehr Kraft zu verleihen.

Wenn er dir einen Gefallen tut oder Liebesbeweise bringt, dann sei dir sicher, dass du deine Seele bereits

verkauft hast, denn er wird dich immer
wieder aufsuchen.

Auch wenn er dir zu verstehen gibt,
keinen Kontakt mehr zu dir zu wollen,
wird er dich immer beobachten und
wieder ankommen.

Er sucht, um dich immer wieder zurück
in sein Leben zu holen.

Er braucht das, denn du bist der Mensch,
von dem er die meiste Bewunderung und
Liebe bekommt, auch wenn du ihm dies
nicht mehr geben willst.

Der Narzisst wird so lange lieb und nett
zu dir sein, bis er sicherstellen kann, dass
er dich wieder um den Finger gewickelt
hat.

3. Aufmerksamkeit

Wobei wir schon beim 3. Punkt von vielen wären.

Er braucht also **DICH**, um sich wieder richtig wohl zu fühlen.

Richtig!

Er brauch Aufmerksamkeit.

Narzissten hassen es, wenn sie ignoriert werden.

Beispiel:

Immer wenn er einen Streit verursacht hat, hat er mich tagelang komplett ignoriert.

Wollte ich den Streit aus der Welt schaffen und mit ihm reden, telefonieren oder schreiben, wurde ich auch aus sämtlichen Kontaktoptionen gelöscht, blockiert und ignoriert.

Meine Nummer hat er nie komplett gelöscht.

Dies hätte er auch nie getan, denn dann würde schließlich die Chance bestehen, mich nicht mehr im Blickfeld zu haben und die Chance zu verpassen, dass er sich melden muss, damit er mich nicht völlig verliert.

Wenn er jedoch reden wollte und ich habe diese Nachrichten oder Anrufe nicht so schnell beantwortet, wie er es wollte, dann setzte er alle Hebel in Bewegung, um mir ein schlechtes Gewissen zu machen.

Er machte es so lange, bis ich mir selbst die Schuld einredete und dann hatte er was er wollte.

Ich kam wieder an und er bekam die nötige Aufmerksamkeit, die er sich wünschte. Nämlich dann, wann ihn es passte!

Er kann niemanden mehr und besser akzeptieren als sich selbst und eine Reaktion wie meine, macht ihn wütend.

Der narzisstische Partner wird schnell frustriert und sinkt schnell ins Selbstmitleid.

Deshalb ist er meist auf alles neidisch, was seiner Aufmerksamkeit nicht gerecht wird.

Er braucht viel Zeit für sich und wird sich deshalb manche Tage erst gar nicht bei dir melden.

Diese Tage können die sein, an dem auch du mal jemanden zum Reden oder eine starke Schulter brauchst.

Dies tut er nicht, weil er es böse meint.

Es ist die Tatsache, dass du ihm an diesen Tagen nicht helfen kannst.

Er wird versuchen sich seine Bestätigung im Internet oder bei anderen Personen zu suchen oder er sitzt einfach nur allein da und zweifelt an sich selbst.

Narzissten denken sehr oft über alles nach und hinterfragen fast jede Situation.

Es wird oft vorkommen, dass er selbst die schönsten Momente hinterfragt und kaputt denkt.

4. Er ist dir immer überlegen - denkt er!

Du musst nicht denken, dass er etwas wieder gut macht.

NEIN!

Ein Narzisst meldet sich Wochen später nach einem Streit mit dir und du wirst denken, dass nichts gewesen sei.

Er ist mental gar nicht in der Lage die Welt mit deinen Augen zu sehen.

Wenn du denkst, dass auch er Fehler macht, irrst du dich!

ER MACHT NICHTS FALSCH!

Wenn etwas nicht stimmt liegt es an jemand anderen.

Du wirst sein Verhalten nicht verstehen, denn er wird dir nie eine plausible Erklärung auf seine Handlungen geben können.

Er redet mit dir als seist du ein kleines Kind oder ein pubertierender Teenie.

Ein Narzisst weicht dir aus, wenn es darum geht deine Fragen zu beantworten.

Er wird dir etwas sagen wie: „Weißt du was dein Problem ist? Du vertraust mir nicht!" oder „Ich frage mich, woher du das alles immer so wissen willst?" oder „Ach weißt du wir haben jetzt nichts mehr zu besprechen!".

Diese Fragen oder Aussagen wirft er nicht einfach so in den Raum und das weiß er! Diese Fragen und Aussagen sollen dich dazu bringen **über dein Verhalten nachzudenken**.

Tust du dies nicht, bekommst du halt weniger von ihm. Er wird dir sonst seine Aufmerksamkeit entziehen und dich ignorieren.

Beispiel:

Wenn wir stritten und ich habe auf seine Aussagen gekontert, hat er mich selbst tagelang auf der Straße, beim Einkaufen oder am Telefon mit Verachtung gestraft.

Dies war nicht was ich wollte.

Ich liebte doch nur ihn und wenn er so sauer auf mich war, musste ich doch etwas falsch gemacht haben!

Also fing ich an, wie jedes Opfer mich zu entschuldigen.

Dabei blieb es nicht! Ich fing an mich sogar zu rechtfertigen und je öfter er dieses Verhalten mit mir durchzog, desto mehr fing ich schon bevor ich in irgendeine Art handelte an darüber nachzudenken, was ich tue, mit wem ich mich treffe oder was ich ihm erzähle, damit ich nicht wieder von dem Menschen verachtet werde, den ich doch liebe.

Ich glaube einige Opfer eines Narzissten
werden sich hier wiederentdecken!

Aber glaub mir eins:

DU BIST GAR NICHT SCHULD!!!

Alles was er mit diesem Verhalten
möchte ist, dich klein zu halten und sein
Handeln zu vertuschen!

5. Eroberer

Der Narzisst ist ein Eroberer!

Er erobert gerne Frauen, flirtet sehr gern und er feiert seine Erfolge.

Er prahlt förmlich mit seinem Können und seinem Reichtum.

Doch das ist alles nur Fassade.

Ist die Frau erstmal erobert und hat sich in ihn verliebt, wird sie ignoriert und uninteressant für ihn.

Die nächste Frau muss also her.

Es ist nicht ungewöhnlich, dass ein narzisstischer Mensch mehrere Eisen im Feuer hat.

Fällt die eine Frau weg, bleibt ihm immer noch die andere und zur Not, kann man die vorherige Spielgefährtin auch ganz leicht wieder durch Schuldgefühle zurückgewinnen.

Es fällt ihnen nicht schwer sich für kurze Zeit zu verstellen und so zu tun als würden sie dich verstehen.

Sobald du also genug von seinen vielzähligen Versprechen, Planungen und zukunftsorientiertes Denken mit dir gemeinsam gehört hast, kannst du dich darauf einstellen, dass sobald du ihm Glauben schenkst, dein Leben mit ihm nicht anders sein wird wie zuvor.

Vielleicht läuft es so gut, dass ihr sogar vor habt zusammen zu ziehen?

Es wird jedoch nicht so weit kommen, denn er wird einen neuen Streit verursachen, um dir die Schuld zu geben, dass dies nicht mehr funktioniert.

Natürlich sei an dieser Stelle bemerkt, dass es nicht nur narzisstische Männer gibt, die so handeln.

Auch narzisstische Frauen weisen ein solches Verhalten auf.

6. Kontrollfreak!

DU musst nicht denken, dass du festlegst, wann ihr euch trefft.

Er wird immer entscheiden wann und wo!

Beispiel:

Wir wollten uns immer treffen.

Oftmals sagte er dann gar nicht erst ab, obwohl er nicht kam.

Wenn man nur eine Sekunde zu spät war, bekam man direkt was zu hören.

Für ihn war es völlig in Ordnung zu bestimmen, ob er kommt oder nicht, ohne jegliche Kommunikation.

Aber dies ist nicht das Einzige.

Natürlich spielte er sich oftmals als
Retter in der Not auf, sobald ein anderer
Mann etwas von mir wollte.

Er wusste immer bescheid, wer Interesse
an mir hatte, noch bevor ich es selbst
wusste. Freunde, die Freunde sein
wollten, wandten sich ab, denn sie hatten
keine Lust darauf, dass er ihnen schrieb,
dass sie sowieso keine Chance bei mir
hätten.

Er hatte Recht damit. Ich habe mich
damals für keinen anderen Mann
interessiert als für ihn.

Für mich war ER mein Mittelpunkt und
das sollte für ihn auch genauso bleiben.

Oft fuhr er abends durch meine Straßen,
nur um zu sehen, ob mein Auto dort
stand.

Ja, dass ich ihm wichtig war glaube ich
noch heute. Doch diese Art von wichtig
sein grenzt an psychische Folter.

Das Erobern, das Beschützen und auch
dieses heimliche nach mir Sehen fand
ich persönlich ganz süß.

Nur die Streitereien, Diskussionen und die psychischen Leiden in der Zwischenzeit haben mich zerstört.

Egal ob wir bei einem Fest waren.

Jeder Mensch, der uns auch nur ein wenig beobachtete, bekam sofort mit, dass er mich im Auge hatte.

Auch wenn es teilweise nicht seine Absicht war und er es später abstritt, so wurde deutlich, dass er die Kontrolle über mich nicht abgeben wollte oder konnte.

Warum sonst hätte er wohl eifersüchtig reagiert, als mich ein Freund nach Hause brachte?

DU wirst es also anfangs gar nicht merken, aber dieser Narzisst hat dich immer 100% im Blick.

Er ist Meister darin es so aussehen zu lassen als würdest du ihm komplett egal sein, aber dies stimmt nicht.

Dieser Mensch braucht dich, denn er ist nur dann vollständig, wenn du ihm weiter in die Karten spielst.

Über die sozialen Medien ist es heutzutage ganz einfach einen Menschen im Blick zu behalten. Dies wird er auch tun.

Ich spreche aus Erfahrung, denn auch bei mir ist es noch heute so, dass er ständig nachsieht, was ich poste oder er genau weiß, wie man Leben momentan ist.

Dies würde ein Narzisst jedoch nie zugeben, wenn man ihn darauf anspricht.

Ein Narzisst wird immer nur von seinem Opfer hinterherspioniert und nicht andersherum.

Zumindest sorgt er mit seiner Kontrolle über dich dafür, dass du gar nicht anders kannst.

Er hingegen ist derjenige, der es sogar will. Solange du ihm nachsiehst und dir den ganzen Tag Gedanken darüber machst, was er wohltut und warum er so ist wie er ist, muss er sich keinerlei

Sorgen darüber machen, wo du gerade bist oder ob du dich von ihm entfernst.

Dies sind nur einige der vielen Punkte, die einen Narzissten entlarven.

Manche Narzissten neigen auch zur Gewalt oder Aggressivität, wenn ihr Gerüst der Lügen anfängt zu zerbrechen.

Diese Erfahrung musste ich zum Glück nicht mit ihm machen.

Jedoch gibt es auch Frauen/ Männer, die ihre Opferrolle so gut eingenommen haben, dass ihnen selbst nach so einem Verhalten die Liebe zu dem Narzissten leichter fällt als der Abschied.

Anfangs bekommt man gar nicht mit, wie man Stück für Stück in die Opferrolle der Beziehung gedrängt wird.

Doch wenn man merkt, dass es falsch läuft und man trotz großer Liebe zum Narzissten aus dieser Zwickmühle entfliehen möchte, ist es oftmals schon zu spät.

Deshalb ist es sehr wichtig einen Narzissten so früh wie es nur geht zu entlarven.

Nur dann kann man die Beziehung so schnell es geht beenden, bevor die Gefühle zu stark sind und die Rolle des Opfers schon so gut eingenommen wurde, dass man Jahre seines Lebens in so eine Partnerschaft verschwendet.

Man denkt immer, dass man es selbst ganz gut lösen kann und dass der Partner doch gar nicht so schlimm sei.

Dies glaubt man zumindest immer dann, wenn er wieder auf einen zukommt mit neuen Versprechen oder ein bisschen gespielte Einsicht.

Aber einen Narzissten kann man nicht allein ändern.

Sie wissen doch selbst gar nicht, dass sie an solcher Persönlichkeitsstörung leiden.

Verschwende also nicht deine Lebenszeit mit psychischen Folterungen in der Hoffnung, dass es dann ein Happy End gibt.

Man kann ihnen keinen Vorwurf machen, aber man kann ihnen viel Glück wünschen und den Weg allein ohne sie weitergehen.

NIEMAND hat es verdient das Opfer eines anderen zu sein.

In einer wahren und gleichberechtigten Beziehung ist niemand in dieser Rolle.

Man sollte offen mit dem Partner reden, Streit und Diskussionen lösen können, ohne von eurem Partner ignoriert zu werden.

Ihr werdet die Erfahrung machen, dass ein wahrer Partner nie einfach so wochenlang den Kontakt abbricht.

Doch es wird auch genauso schwerfallen, nicht in alte Muster aus der narzisstischen Beziehung zu verfallen und den Partner neues Vertrauen zu schenken.

Dies bedarf eine grundlegende Veränderung des persönlichen Ich´s.

Deshalb sind gerade die folgenden Kapitel sehr wichtig!

Hier wirst du feststellen:

- wer man ist
- wie die Beziehung mit einem Narzissten ist
- was man alles tun muss, um sich selbst zu ändern
- wie man aus der Beziehung und Zwickmühle mit diesem Partner herauszukommen kann

Dies bedarf nicht nur Geduld und viele Tränen, sondern auch Mut und Stärke.

Du allein musst dir also in dem folgenden Kapitel völlig im Klaren sein, was **DU** willst!

Nichts im Leben zählt mehr als das, was deine Seele tief im Inneren möchte.

Das Opfer

Was ist das typische Opfer für einen Narzissten?

Menschen, die mit sich selbst im Reinen und glücklich sind, würden nie eine langfristige Beziehung mit einem narzisstisch veranlagten Partner eingehen

An solche Menschen kommt also eine Person mit dieser Persönlichkeitsstörung nicht heran.

NEIN!

Es handelt sich meist leider um sehr emphatische Menschen.

Das Opfer des Narzissten bringt folgende Merkmale mit sich:

Ein schwaches Selbstwertgefühl

Menschen, die sich selbst nicht so wertschätzen, wie andere Personen in ihrem Umfeld sind ein gefundenes Fressen für den Narzissten.

Oft haben diese Menschen schon einiges in ihrem Leben erlebt und haben dadurch den Glauben an sich selbst verloren.

Sie erhoffen sich, durch das anfänglich vom Narzissten entgegengebrachte Interesse wieder aufzublühen und stärker zu werden.

Niemand sonst sieht schließlich die Stärke und Schönheit in ihnen wie er es tut.

Doch er hat nicht vor etwas von seinem Selbstvertrauen und seiner imposanten Ausstrahlung abzugeben.

Er tut etwas, was das Opfer noch mehr in sein unsicheres Wesen treibt.

Während du nicht nur innerlich ängstlich mit schwachem Selbstwertgefühl bist, sondern es auch unbewusst deutlich deinen Mitmenschen zeigst, tut der Narzisst das Gegenteil.

Er präsentiert sich mit seinem strahlenden Selbstbewusstsein und dem was er hat, um von seiner kaputten Seele abzulenken.

Damit dies weiterhin so bleibt, brauch er genau **DICH**!

Er will und wird dir kein Selbstwertgefühl geben!

Wenn er dies tun würde, würde er Gefahr laufen, dass du gehen könntest.

Dies ist nicht der Wunsch, den dieser Mensch hegt.

Natürlich wird er dir des Öfteren sagen, wie hübsch du bist und wie intelligent oder wie gut du gewisse Dinge kannst.

Doch schon im nächsten Streit wird er dir all deine Stärken wieder als Fehler darbieten und dich so klein reden, dass du gar nicht die Chance hast ein Selbstwertgefühl aufzubauen.

Du bist also schwach in die Beziehung gekommen und du wirst währenddessen auch die ganze Zeit über schwach bleiben!

All seine Komplimente und der Charme, der dir ein wenig Vertrauen in dich selbst geben wird, wird er dir zwar für einen kurzen Moment geben, doch er wird es dir auch sofort wieder nehmen.

Das ist ein Spiel, was nur für IHN den Nutzen bringt!

Ein Mensch mit fehlender Lebensfreude

Wie schon erwähnt hat dieser Mensch schon einiges in seinem Leben erlebt.

Es ist nicht schwer in der heutigen Gesellschaft die Lebensfreude zu verlieren.

Die gleichbleibende Routine des Alltags, die schmerzlichen Erfahrungen aus der Vergangenheit, der trostlose Job, die nicht funktionierenden ehemaligen Partnerschaften oder auch die Beziehungen zu Eltern oder Freunden, die nicht so laufen wie man es gernhätte, können einen Menschen oft das Leben schwer machen.

Selten kommen die Probleme allein und oftmals dann, wenn man sie am wenigsten gebrauchen kann.

Wenn dann auch noch ein Narzisst mit seiner grandiosen Ausstrahlung und Perfektion in dein Leben tritt, kannst du doch gar nicht anders als dich auf ihn einzulassen.

Und schon bist du dort, wo du erst recht nicht hingehörst.

Er hört dir anfangs zu, ist für dich da und beschimpft alle, die dir nicht guttun. Natürlich macht er das!

Er erhofft sich schließlich auch einen Nutzen aus dieser ganzen Arbeit mit dir.

Was du zu diesem Zeitpunkt noch nicht ahnen kannst ist, dass er all das, was er für dich tut, auch später gegen dich verwendet.

Warte nur auf den ersten Streit!

Ab einen gewissen Punkt wird er dir sagen, dass er doch immer für dich da war und dass **DU** unfair bist ihm dies oder das zu unterstellen!

Was er damit tut ist eindeutig!

Du fängst an dich in einem Streit mit deinen eigenen Argumenten zu verteidigen und dies gefällt ihm nicht.

Aus Furcht, dass er dich zu sehr aufgebaut hat, redet er dir ein, wie sehr er doch für dich da war als es dir schlecht ging.

Er wird dir einreden, dass die anderen Personen schuld an deiner Situation sind und **ER** dein **RETTER** und **BESCHÜTZER** ist.

Das Resultat was dir also bietet ist:

DU BRAUCHST IHN, DENN OHNE ICH HAST DU NIEMANDEN, DER DICH NUR ANNÄHREND SO GUT VERSTEHT WIE ER!

Du wirst also nach einem Streit sofort wieder einlenken und ihm sein Ego stärken, indem du ihm zeigst, dass du ihn brauchst.

Du machst ihn dadurch zu deinem Mittelpunkt im Leben.

Niemand kann etwas gegen ihn sagen,
denn er ist doch schließlich der Mensch,
der dich versteht und dir stets hilft.

Das ist verständlich, denn du hast Angst,
dass dein Leben ohne ihn wieder so
trostlos und sinnlos erscheint wie zuvor.

Ein Mensch mit zu hoher sozialer Belastung

Vielleicht hast du Schulden, über die du schon längst den Überblick verloren hast oder du suchst neue Lebensbedingungen.

Genauso könnten Konflikte aus vergangenen Beziehungen einen Grund für deine Belastung sein oder ein Job, der mehr von dir fordert als du geben kannst.

Es gibt viele soziale Belastungen, die man zu diesem Punkt aufzählen könnte.

Die zunehmende innere Leere, das Gefühl vom Alleinsein und der Einsamkeit, die Sinnlosigkeit des Lebens oder auch die Suche nach Liebe und Geborgenheit lassen den Wunsch nach etwas Besonderen und Großartigem entstehen.

Man ist so festgefahren in der Situation, dass der Wunsch aufkommt, etwas Spannung würde entstehen, welche dich aus dem gewöhnlichen Alltag und der drückenden Langeweile herausholt.

Manchmal wünscht man sich auch nur einen Partner, der einen versteht und bei dem man sich einfach fallen lassen kann, um aus der Belastung für einen kurzen Moment zu entfliehen.

Es ist nicht deine Schuld, denn beim Kennenlernen einer Person, rechnest du nicht damit, dass dieser sich deine Situation zu Nutze macht.

Er wird sich wie schon zuvor beschrieben als der Mensch darstellen, den du dein ganzes Leben lang gesucht hast.

Es wird nicht schwer in so einer Situation dein Vertrauen zu gewinnen.

Du wirst dich für eine gewisse Zeit bei ihm fallen lassen können.

Genaugenommen wirst du es so lange tun können, bis er zu viel Nähe zulassen muss und er geben muss, anstatt einen Nutzen aus dich und der Situation zu ziehen.

Danach wirst du noch mehr Belastungen haben als zuvor, denn nun ist es an der Zeit, dass er wieder im Fokus ist.

Deine vorherigen Belastungen sind nicht wie vom Erdboden verschluckt, gelöst haben sie sich natürlich auch nicht von allein.

Du wirst also genau die gleichen Probleme und Sorgen haben wie zuvor mit einer kleinen Ausnahme, welche sich verheerend auf dein Leben auswirkt.

-ER-

Du wirst dich nämlich von nun an selbst unter Stress setzen und zusätzlich von ihm unter Stress und Ängste setzen lassen, nämlich immer genau dann, wenn er sich zurückzieht, um dir zu zeigen, dass du ihn brauchst.

Du lässt dies einfach zu und das hat einen Grund.

Er hat dich und deine Gefühle sowie auch dein Denken und Handeln so sehr unter Kontrolle, dass er ein Spiel mit dir spielt, welches du nur verlieren kannst.

Machen wir uns nichts vor du bist ein emotionales Wrack und dies macht er sich zu Nutze.

In einer solchen Ausgangslage hat der Narzisst leichtes Spiel.

Es bleibt immer dieselbe Ausgangssituation.

Er verführt seine Opfer mit all seinen Charme und lässt ihnen spüren, dass sie etwas ganz Besonderes für ihn sind.

Sie haben dadurch das Gefühl ein besonderer Mensch zu sein, dessen Leben plötzlich einen Sinn hat und nicht mehr so ausweglos erscheint wie zuvor.

Sie bekommen ein wenig Selbstbewusstsein, verspüren ein neues Feuer in sich und die Leidenschaft, die Euphorie und das persönliche Glück steigt.

Nie wieder wollen sie in das alte, triste Leben zurück, welches sie zuvor geführt haben.

Also klammern sie sich an ihren Narzissten.

Er ist der einzige Mensch, der ihnen all das Glück und den Sinn im Leben wieder zurückbringen konnte.

Deshalb behandeln sie ihn wie einen Gott und stellen ihn in ihren Mittelpunkt.

Nichts ist wichtiger als er und seine Meinung.

Die großartigen Inszenierungen des Narzissten und seine perfekten und glaubwürdigen Liebesbekenntnisse täuschen das Opfer so sehr, dass sich aus dieser Beziehung eine Abhängigkeit entwickelt.

Der Narzisst wird vom Opfer wie ein Retter in der Not gesehen und diese Beschützerrolle nimmer er natürlich gern ein.

Du wirst also von dem Gefühl überwältigt in der Beziehung mit dem Narzissten das langersehnte Glück gefunden zu haben.

Doch letztendlich versetzt er dich in einen Rauschzustand, um dich für seine Zwecke zu missbrauchen.

Damit ihm dies auch zu 100% gelingt, wertet er dich Stück für Stück ab.

Er zerstört somit wieder dein frisch aufgebautes Selbstwertgefühl und nimmt dir dein letztes Lebensglück und die Freude am Dasein.

Du sitzt in der Zwickmühle, weil du bei jedem Streit denkst, dass dein Leben ohne ihn keinen Sinn mehr hat.

Du denkst jeden Tag nur noch an ihn.

Dir fällt es schwer dich auf alltägliche Dinge zu konzentrieren.

Du hängst nur noch am Handy und versuchst ständig mit ihm im Kontakt zu bleiben.

Konflikte mit ihm kehrst du sofort nach der Versöhnung unter den Teppich.

Deine Sehnsucht nach Liebe und Geborgenheit von diesem Menschen macht deine Realität blind.

Du fängst an alles zu idealisieren, nur damit du ihn nicht aufgeben und in dein altes, sinnloses Leben zurückkehren musst.

Jedoch nicht jedes Opfer ist gleich!

Es hängt von der Willenskraft ab.

Es gibt auch Opfer, die schon frühzeitig einen Narzissten erkannt haben und sich glücklicher Weise nicht so tief in ihn verstrickt haben.

Beispiel:

Ich zum Beispiel habe es nach 2 Jahren geschafft mich komplett von ihm zu lösen und sogar eine neue Partnerschaft zu wagen.

Doch noch heute weiß er über alles in meinem Leben Bescheid.

Er hat nur keine Kontrolle mehr über mich, da ich die Liebe, die ich suchte, in einer echten Beziehung und Partnerschaft gefunden habe.

Meine Freundin ist seit 6 Jahren in dieser psychischen Zwickmühle.

Sie hat seit ein paar Jahren erkannt, dass ihr Partner ein Narzisst ist und ist noch heute dabei ihre rosa-rote Brille abzusetzen.

Es ist also verdammt schwer und wie eine Sucht, von der man sich nicht so schnell lösen kann.

Doch es gibt auch Personen, die nach und nach ihre Brille abgenommen haben und mit klarem Verstand und guten Freunden, den Narzissten entlarvt haben.

Diese haben erkannt, dass er sie nach und nach bedrängt und kontrolliert und haben es geschafft durch eine respektvolle Distanz zu ihm, ihre Gefühle ihm gegenüber zu zügeln.

Es ist also nicht unmöglich aus diesem Teufelskreis der Beziehung herauszukommen und wie du es am besten schaffst, zeig ich dir gern in den kommenden Kapiteln auf.

Solltest du in der Zwischenzeit schon jemanden kennen lernen, dann merke dir für den nächsten Partner einfach vor, dass

die wahre Stärke einer Beziehung sich erst dann zeigt, wenn das Verliebtsein verflogen ist.

Dann ist es nämlich an der Zeit den Alltag gemeinsam mit anderen Inhalten zu füllen.

Ein wahrer Partner wird dafür nicht nur Versprechen geben, sondern sie auch in die Tat umsetzen.

An den Taten eines Menschen wirst du in Zukunft erkennen, welche Absichten er mit dir hat und ob es sich um einen Narzissten oder einen wahren Partner fürs Leben handelt.

Wenn du diese Einstellung beim nächsten potenziellen Partner hast, bleibst du in deiner Mitte und wirst nicht wieder ein Opfer für so eine narzisstische Person.

Die alarmierenden Hinweise, wirst du dann schneller wahrnehmen können und hoffentlich dann, die Beine schnell in die Hand nehmen.

Partnerschaft mit einem Narzissten

Nach all dem, was du nun weißt, willst du immer noch eine Partnerschaft mit ihm?

Willst du ihn immer noch an deiner Seite haben?

Denkst du, es ist Liebe, die er dir gibt?

Du möchtest wissen, ob es nicht doch eine Möglichkeit gibt ihn zu ändern oder noch besser ihn zu retten?

Natürlich werde ich dir gern aufzeigen, wie diese Partnerschaft in deiner Zukunft aussehen wird.

Ich werde dir auch zeigen, wie du in Zukunft mit ihm umgehen und was du beachten musst, damit du Streitigkeiten vermeiden kannst.

Ich weiß, was du hören möchtest.

Ich sollte dir am besten sagen, dass du es auf jeden Fall schaffst, diesen Menschen zu ändern oder zu heilen.

Ihr werdet eine glückliche Familie gründen und bis zu eurem Lebensende friedlich, treu und ehrlich zueinander auf der Veranda sitzen und Wein trinken.

Leider weicht diese Vorstellung mit einem Narzissten zu weit von der Realität ab!

Ich mag nicht bezweifeln, dass es bei so vielen Menschen auf der Welt es nicht doch einer geschafft hat seinen narzisstischen Partner zu ändern oder zumindest so zu formen, dass man gut damit leben kann.

Wenn du also vor hast dich weiterhin mit diesem Menschen einzulassen, musst du folgendes grundlegend ändern.

Wenn du es dann geändert hast, kannst du nach diesem Kapitel selbst gut differenzieren, ob sich so eine Art Beziehung mit einem Menschen überhaupt lohnt.

Wenn du also trotz allen Widersprüchen eine ernsthafte Beziehung mit einem Narzissten eingehen möchtest musst du einiges an **DIR** ändern.

Natürlich ist es auf Dauer fast unmöglich eine ernsthafte Beziehung mit ihm zu führen, denn das würde voraussetzen sich selbst zu verlieren.

Er hat dich ausgesucht, weil du das perfekte Opfer für ihn bist.

Du hast kein Selbstwertgefühl!

Also ändere es!

Es wird so kommen, dass dein zukünftiger narzisstische Partner immer im Mittelpunkt stehen möchte.

Es ist egal, wo ihr seid.

Er will **IMMER** im Fokus sein.

Da kann es schon hin und wieder vorkommen, dass er auf Partys mit anderen Frauen/ Männer flirtet oder sich sogar mit ihnen vergnügt.

Dein persönlicher Mittelpunkt zu sein, hat ihnen selbst vor dieser ernsten Phase nicht interessiert.

Wieso sollte ihm dies nun genügen.

DU brauchst ein sehr gutes **Selbstbewusstsein**, damit du dies, ohne etwas zu sagen hinnehmen kannst.

Doch wie lange wird das ein Mensch ertragen?

Vielleicht wird er dich auch hin und wieder bei seinen Freunden/ Bekannten schlecht machen, nur um besser dazustehen.

Willst du das?

Er meint es sicherlich nicht böse.

Dies kann und will ich ihm nicht unterstellen, denn schließlich wissen wir, dass er selbst gar keine Persönlichkeitsstörung haben möchte.

Er kann es gar nicht nachvollziehen, dass er dich hin und wieder verletzt.

Des Weiteren solltest du an deiner **Eigenständigkeit** arbeiten.

Ein Narzisst ist sehr viel mit sich selbst beschäftigt und denkt immer über alles nach.

Er wird wenig Zeit haben sich um dich oder eure zukünftigen, gemeinsamen Kinder zu kümmern.

Anfangs wird es dich nicht stören, denn du kannst die Zeit nutzen und dich auf deine Hobbys konzentrieren.

Wenn du kein Hobby hast, kannst du doch eins beginnen.

Du wirst im Laufe der Beziehung sehr viel Zeit dafür haben und schließlich lenkt ein anstrengendes Hobby auch vom ständigen Nachdenken ab.

Du kommst also weniger in den Genuss dich über Dinge wie

„Ob er mich noch liebt?"

„Er antwortet schon wieder nicht auf meine Nachrichten." oder

„Warum trifft er/sie sich mit einer anderen Frau / Mann?" zu sorgen.

Aber sind wir mal ehrlich!

Bringt es dir etwas eine Beziehung zu führen, in der du immer nur dann richtig viel Zeit hast, wenn er sich mal wieder nicht meldet?

Kann man in einer festen und ernsten Partnerschaft so abschalten, wenn der Partner sich so danebenbenimmt?

Dazu kommt noch, dass du für ihn und all seine Taten immer **Verständnis** haben und vor allem was noch viel wichtiger ist, zeigen musst.

Wenn du dies nicht tust, dann kannst du ihn vergessen!

Erinnere dich nur daran, was passiert oder passieren würde, wenn du kein Verständnis zeigst, sondern wie in einer normalen Partnerschaft deine Meinung oder gewisse Bedenken äußern würdest.

RICHTIG!

Ihr würdet streiten.

Der Streit würde von ihm ausgelöst werden, weil du deine Meinung gesagt hast.

Dies ist nicht in Ordnung für ihn.

Doch willst du eine Beziehung, in der du wie ein Sklave deine Meinung verstecken musst?

Auf Dauer wirst du dies nicht aushalten und es geht schließlich noch weiter.

Du wirst dich ihm ständig und überall **unterordnen** müssen, sonst läufst du Gefahr ihn zu verlieren.

Wenn du mit all diesen Punkten klarkommst, dann ist diese Partnerschaft natürlich genau das, was du brauchst!

Jedoch wird dich auf Dauer eine Beziehung mit so einer Person zerstören!

Es wird schleichend anfangen.

Zu Beginn wirst du einiges auf dich nehmen und seine Art wie er dich behandelt **akzeptieren**.

Doch es wird der Tag kommen, an dem du ihn nicht **helfen** kannst, sondern selbst die Hilfe von deinem Partner brauchst.

Wer wird dann für dich da sein?

Deine Freunde?

So etwas wie gute Freunde wirst du dann sicherlich nicht mehr haben.

Keiner kann dein ständiges Gerede über deinen Partner und das **Auf und Ab deiner Beziehung** mehr hören.

Sie werden sich langsam von dir abwenden.

Familie?

Nun ja, leider habe ich auch schon von Fällen gehört, in der sich die Tochter von ihrer Mutter abgewandt hat, weil diese die Beziehung der Mutter und ihren narzisstischen Freund nicht mehr ertragen konnte.

Vielleicht hast du Glück und deine Familie steht dennoch hinter dir.

Doch er wird dir nicht helfen!

Er wird vielleicht anfangs so tun als würde es ihm interessieren, wie es dir geht und dass du seine Hilfe brauchst.

Dort wird dann **sein Beschützerinstinkt** wieder geweckt.

Doch nach einer gewissen Zeit wird er dir seine angebotene Hilfe entziehen.

Es ist auch völlig verständlich, dass er dies tut.

DU bist uninteressant, da er **keinen Nutzen** mehr aus dir ziehen kann.

Außerdem hat er andere, wichtigere Sachen zu tun.

Es gibt Frauen oder auch Männer, die sich an das Verhalten ihres Partners sicherlich gewöhnt haben.

Doch sind diese Menschen so glücklich?

Mit welchem Recht muss sich eine Person in einer gleichberechtigten Partnerschaft unterordnen?

Du wirst mit ihm nie eine Beziehung auf Augenhöhe führen können und dies muss dir schon jetzt bewusst sein.

Es ist völlig egal wie sehr du anfängst dich zu verstellen und nicht mehr **DU** selbst zu sein.

Er wird immer etwas finden, was ihm gerade nicht an dir passt und er wird es dich spüren lassen.

Du wirst nach jedem erneuten Streit zerbrechen und keine Zeit und keinen Kopf mehr dafür haben, was im Leben wirklich wichtig ist.

Du bist in dieser Beziehung nur ein Spielzeug, was er herausholt, um sich selbst zu bestätigen.

Niemand hat es verdient so behandelt zu werden und schon gar nicht so ein emphatischer Mensch wie du.

Es liegt nun an dir!

Du hast genau zwei Möglichkeiten:

1. Du lässt aus deinen gefühlvollen, menschlichen Wesen ein Opfer für so einen Partner machen und wirst dich dabei selbst völlig verlieren.

2. Du befolgst ab nun an die folgenden
Kapitel und **willst** etwas daran ändern!

Es ist eine Schande, dass ein Narzisst ein
so abhängiges Wesen aus deiner
Persönlichkeit gemacht hat.

Du bist gut so wie du bist und schon
allein deshalb, solltest du spätestens jetzt
die Augen öffnen und der Mensch sein,
der du wirklich bist.

Mach aus den Schwächen, die er in dir
sieht, Stärken und sei nicht mehr
angreifbar für ihn oder einen neuen
narzisstischen Partner.

Ziel ist es, auch in erneuten Beziehungen
narzisstische Züge zu erkennen und
auch, ob es sich nur um leichte Macken
oder einer Persönlichkeitsstörung
handelt.

Wenn dein Partner kein typischer
Narzisst ist und nur leichte
Verhaltensweisen eines narzisstischen
Partners aufweist, kann man es
sicherlich noch eindämmen und ändern.

Jedoch sollte man es bei einem richtigen Narzissten gar nicht erst versuchen!

Du wirst anhand meiner Beispiele nun selbst gut differenzieren können, ob dein Partner ein richtiger Narzisst ist.

Sollte es bei dir nun der Fall sein, hast du dir sicherlich nun auch Gedanken darüber gemacht, ob du ein Leben mit diesem Partner unter diesen Voraussetzungen und den Verlust deiner Persönlichkeit möchtest!

Du willst es also nicht?

GUT

Dann sind die folgenden Kapitel genau richtig für **DICH**!

Ändern des eigentlichen ICH'S

In diesem Kapitel wirst du alles erfahren was du brauchst, um dein eigenes Ich zu ändern!

Es geht nicht darum, aus dir einen völlig neuen Menschen zu machen.

Vielmehr geht es darum, deine Schwächen zu erkennen und diese in Stärken umzuwandeln.

Es geht darum, dein verlorenes ICH wieder zu finden, Dinge, Verhaltensweisen von anderen und auch dich selbst zu akzeptieren.

Vieles wird dir sehr einfach erscheinen. Jedoch wird es ein sehr langer Weg werden, aus deinem alten Opferdasein, welches du zugelassen hast, wieder oder zum ersten Mal, einen selbstbewussten Menschen zu machen.

Um eine Änderung in dir zu bewirken musst du dir selbst vor allem 3 Dinge immer geben:

Liebe   **Geduld**   **Akzeptanz**

Wobei wir schon bei dem 1. wichtigen Punkt sind.

Die Liebe ist immer wichtig.

Es ist schön, wenn wir von anderen Menschen geliebt werden und eine gewisse Anerkennung genießen dürfen.

Dies steigert unser Selbstbewusstsein!

Aber was ist, wenn wir uns selbst nicht genug lieben?

Wenn wir uns selbst nicht genug Liebe geben, behandeln wir unseren Körper und auch unsere Seele sehr schlecht.

Wir vernachlässigen uns also schlechtweg!

Es liebt uns sowieso niemand also
können wir uns auch ruhig gehen lassen!

Falsch

Es ist schön, wenn wir von anderen
Menschen wahrgenommen werden und
auch geliebt werden.

Doch wie sollen uns andere Menschen
lieben, wenn wir es selbst nie tun und
ständig an uns zweifeln?

Was **DU** tun musst hört sich einfacher an
als es ist!

**DU MUSST ANFANGEN DICH
SELBST ZU RESPEKTIEREN!**

Wenn du bis jetzt immer gesagt bekommen hast, dass du zu dick seist, ist es ein Resultat von dem, was du selbst über dich denkst!

Dies ist das Gesetz der Anziehungskraft!

Es ist nicht nur mit dem Beispiel der Figur so.

Auch ganz normale Alltagssituationen, die dich an deinem Aussehen oder deiner Art stören, werden in deinem Umfeld widergespiegelt.

Stelle dich also jeden Tag vor dem Spiegel und schau auf dich hinab.

Du wirst einige Störfaktoren an dir finden.

Das ist völlig normal, schließlich hast du nicht um sonst die Rolle des Opfers eingenommen.

Beginne von oben nach unten und gehe langsam mit deinen Augen deinen Körper hinab.

Was findest du an dir besonders schön?

Was stört dich am Meisten an dir?

Gibt es etwas, was du gern ändern möchtest?

Schreibe am besten alles auf, was du festgestellt hast, damit du es in ein paar Tagen, Wochen oder auch Monaten vergleichen kannst.

Du findest deine Frisur nicht schön?

Dann ändere sie und mach aus dieser Frisur eine, die **DIR** gefällt!

Wichtig ist hierbei, dass du nur das tust, wobei du dich so richtig wohlfühlst.

Dies ist das Wichtigste an deiner Veränderung.

Es ist völlig unwichtig, was andere Menschen über dich, dein Verhalten oder dein Aussehen denken!

Was jedoch DU über DICH denkst und wie du selbst zu dir stehst ist das Wichtigste im Leben!

Ebenso kannst du beginnen deine Ernährung umzustellen, gesünder zu leben oder Sport zu machen.

Fang an, dich zu schminken, dich hübsch zu machen, dich zu stylen und vor allem:

TU ES FÜR DICH!

Mach aus deinem Aussehen, das Aussehen, womit du dich wohl fühlst.

Wenn du dies getan hast, stelle dich wieder einmal vor dem Spiegel und sieh genau hin.

Siehst du dich nun?

Bist du zufrieden mit dem, was du siehst?

Äußerlich solltest du dir nach und nach immer besser gefallen.

Je öfter du dich in den Spiegel siehst und dein Aussehen abcheckst, desto öfter wirst du dir nun sagen, was dir alles an dir gefällt.

Sage dir so oft du kannst, dass du gut aussiehst, dass deine Augen schön sind oder dein Gesicht.

Mache also aus deinen (für dich) Problemzonen, Zonen deines Körpers, die dir gefallen.

Du brauchst dafür keine Schönheitsoperation oder teure Markensachen.

Alles was du brauchst ist ein Gefühl von Liebe, Respekt und Wohlfühlen in deiner Haut.

Mache dir jedes Mal, wenn du vor dem Spiegel stehst Komplimente und sorge dafür, dass du diese ernst meinst.

Du wirst merken, dass je öfter du nun unter Menschen gehst, diese dich auch mit anderen Augen ansehen werden.

Du wirst nicht mehr wie ein Fragezeichen durch die Welt laufen, sondern mit erhobenem Haupt, denn **DU** weißt nun, dass du gut aussiehst und du dich in deiner Haut wohlfühlst.

Dieses Gefühl kommt auch bei deinen Mitmenschen an und auch diese werden nicht anders können als dir hin und wieder ein kleines Kompliment zu machen.

Schon hast du den ersten Schritt zu deinem wahren Ich gewagt.

Jedes Kompliment von dir und auch das der anderen Menschen sowie dein neu geschaffenes Selbstwertgefühl durch diese kleine Veränderung wird dein Selbstbewusstsein steigern.

Dies ist der wohl wichtigste Schritt, wenn du bereit sein willst aus deiner Opferrolle hervorzutreten.

Schließlich hast du in der Vergangenheit schon einige Niederschläge einstecken müssen, die dein Selbstbewusstsein sehr beeinträchtigt haben.

Auch die Beziehung zu deinem narzisstischen Partner haben dieses Selbstbewusstsein nicht gerade wieder hervorgeholt, selbst wenn es ab und an den Anschein hatte.

Erst mit dem Erlangen des Selbstwertes kannst du auch fähig sein, dich als gestandene Person zu bezeichnen.

Das du eine gestandene Person bist, solltest du schon längst wissen.

Dazu kommt nun eine weitere Übung, die du dir des Öfteren ins Gedächtnis rufen solltest.

Denk immer daran, warum er dich als sein Opfer ausgewählt hat.

Du bist ein Mensch, der gern anderen Menschen hilft und mit Rat und Tat zur Seite steht.

Dies ist nicht unbedingt eine schlechte Eigenschaft und ich will dich auch nicht darin ermutigen egoistisch zu sein und allen anderen die kalte Schulter zu zeigen.

Nun ist es jedoch an der Zeit deine guten Eigenschaften auszuleben, ohne dich benutzen zu lassen.

Es ist völlig in Ordnung jemanden zu helfen oder für ihn da zu sein.

Jedoch denk bitte immer daran, wie weit du einen Menschen wirklich helfen kannst und ab wann es dich selbst sehr viel Kraft kostet und es dich kaputt macht.

Für die nächste Übung brauchst du nicht viel.

Es genügt ein Zettel und ein Stift.

Du beginnst also darüber nachzudenken, welche Eigenschaften dich ausmachen. Dabei solltest du sowohl positive als auch negative Eigenschaften aufschreiben.

Gern kannst du hierfür auch gute
Freunde/ Familienmitglieder fragen,
welche dich schon über Jahre hinweg gut
kennen.

Wenn du alle positiven Eigenschaften
deiner Person aufgeschrieben hast,
denkst du darüber nach, welche davon
du wirklich mit dir vereinbaren kannst.

Zum Beispiel:

_Wenn du anderen Personen gern hilfst
ist das eine prima Eigenschaft von dir._

_Doch ab welchen Punkt fängst du an
nicht mehr du selbst zu sein?_

_Ab welchen Punkt beginnst du dich für
andere Menschen aufzuopfern?_

Wie viel Energie kostet es dich?

_Denke bei all deinen positiven
Eigenschaften darüber nach, ab wann es
für dich genug ist._

_Du kannst gern für eine Freundin oder
einen Freund ein offenes Ohr haben,_

*aber bedenke und achte genau darauf,
ob dieser auch etwas von deinen
Ratschlägen befolgt oder ob er nur
jemanden braucht, um seine Probleme
abzuladen, ohne etwas daran zu ändern.*

*Wenn dein Freund oder deine Freundin
dein Rat annimmt und dir genauso in
schwierigen Situationen zuhört wie du
ihm/ihr, dann kannst du ihm/ihr gern
weiterhelfen, denn es wird dich nicht
zerstören.*

*Doch wenn er/ sie nur die eigenen
Probleme bei dir ablädt und nichts an
der Situation ändert oder dir nie zuhört,
wenn du ein paar Sorgen hast, dann
beende diese „Hilfe", die du ihm/ihr
gibst.*

Es ist keine Schande auch einmal
„NEIN" zu sagen!

Dadurch wirst du nicht automatisch zum
Egoisten oder zu einer Person, der alles
egal ist!

Alles was du durch diesen Schritt tust,
ist dich selbst zu schützen.

Du hast es nicht nötig deine Kräfte
unnötig an Menschen oder Situationen
zu verbrauchen, die dich ausnutzen und
selbst nichts an ihrem Leben ändern.

**Wer etwas in seinem Leben ändern
will, der wird alles dafür tun und wer
nicht, der wird ausreden finden.**

Ebenso machst du dasselbe für all deine
negativen Eigenschaften.

Zum Beispiel:

*Du oder deine Mitmenschen finden es
nicht gut, dass du nie pünktlich zu
Verabredungen kommst.*

*Dann versuch diese kleinen Mängel an
dir zu ändern.*

*Stell dir einen Wecker eine Stunde bevor
ihr euch treffen wollt und sei pünktlich.*

Du merkst dir wichtige Daten aus Gesprächen nicht, die du mit deiner besten Freundin oder deinen besten Freund führst?

Dann notiere dir die wichtigsten Daten, sodass du sie nie vergisst.

Du kannst durch diese Erkenntnisse, welche du dir notiert hast, genau einschätzen was dich ausmacht.

Niemand sagt, dass du deine positiven Eigenschaften ablegen sollst oder dass du dich von Grund auf von deinen negativen Eigenschaften verabschieden musst.

Es geht auch nicht von 0 auf 100, dass du deine Eigenschaften und ihre Grenzen einschätzen kannst und gewisse Situationen sofort richtig lenken kannst.

Von dieser Vorstellung solltest du dich sofort verabschieden!

Niemand verlangt von dir dich sofort und gleich zu ändern und bedenke dabei auch, dass du es für niemanden tust außer für **DICH**!

Jetzt kommt ein weiterer wichtiger Punkt ins Spiel:

-GEDULD-

Hab Geduld mit dir selbst!

Verlange nicht so viel auf einmal von dir.

Am besten beginnst du in kleinen Schritten und machst daraus ein kleines alltägliches Ritual.

Gewöhne dir an, deinen Alltag so zu gestalten, dass es zu dir passt und notiere dir kleine Fortschritte.

Das wichtigste hierbei ist, dir selbst keinen Druck zu machen.

Versuche dein Verhalten und deine Eigenschaften nicht gleich völlig ändern zu wollen. Alles geschieht hierbei Stück für Stück.

Dein neugewonnenes Selbstvertrauen aus den vorherigen Spiegelübungen wird dir dabei helfen zu deiner Meinung zu stehen.

Setze dir für jeden Tag ein kleines Ziel und schreibe deine Erfolge nieder.

Du kannst auch niederschrieben, wenn es dir noch nicht so gelungen ist etwas an dir zu ändern.

Dies ist nicht negativ zu werten. Wir sind alle Menschen und somit sind wir Gewohnheitstiere.

Desto öfter wir gewisse Dinge für uns tun oder uns einreden, desto leichter fallen sie uns.

Neue Angewohnheiten anzutrainieren bedarf demnach Zeit und sehr viel Geduld.

Steck also nicht sofort den Kopf in den Sand, sobald du mal einen schlechten Tag hast.

Schreibe dir deine Ziele auf und hänge sie an einem Ort, an dem du jeden Tag vorbei gehst und somit immer auf diese Ziele schauen kannst.

Dieser Ort kann der Spiegel im Badezimmer sein oder aber auch der Kühlschrank.

Wichtig ist hierbei, dass deine Ziele dort aufgeschrieben hängen, wo du sie jeden Tag sehen musst!

Wir Menschen neigen leider oft dazu, dass alles was wir über einen längeren Zeitraum nicht sehen oder hören schnell in Vergessenheit gerät.

So kannst du deine Zeile immer im Auge behalten und langsam Stück für Stück darauf hinarbeiten.

Diese Ziele können zum Beispiel folgende sein:

- ✓ *Sich nicht mehr ausnutzen lassen*

- ✓ *Ein Wellnessurlaub mit der Freundin/Freund*

- ✓ *Mehr Selbstvertrauen*

- ✓ *Ein neues Outfit*

- ✓ *Mehr Sport / körperlich fit werden*

- ✓ *Gesünder Leben*

- ✓ *Eine neue Wohnung/ neues Umfeld*

- ✓ *Besuch im Fußballstadion*

- ✓ *Neue Freundschaften*

- ✓ *Pünktlich bei Terminen sein*

✓ *Neuer Job*

Wichtig ist hierbei, dass du dir Dinge aufschreibst, die dir und deiner Seele guttun und dir ein gutes Gefühl geben ein „neuer Mensch" zu sein.

Nimm aber bitte nicht nur Ziele, die für dich nur auf langer Sicht zu erreichen sind, denn dass würde deinen Geduldsfaden nicht trainieren.

Wenn du auch Ziele nimmst, die du dir selbst schnell und einfach zwischendurch erfüllen kannst und die deiner Seele und deinem Wohlbefinden guttun, dann hast du ein Gefühl von Stärke und Sicherheit.

Dies wird dich antreiben auch deine größten Wünsche und Ziele, welche mehr Geduld erfordern zu erreichen.

Hake deine erreichten Ziele ab und setze dir dafür neue.

Deine Erfolge und Gefühle kannst du natürlich aufschreiben.

Dafür gibt es auch eine Übung, die ich für mich als meine persönliche Lieblingsübung sehe.

Bis jetzt hattest du immer das Gefühl nicht genug zu sein.

Alles in deinem Leben war trist und du hattest das Gefühl, dass die Welt ungerecht ist und dich sowieso niemand wirklich schätzt.

Durch diese Übung wird dir erstmal klar werden, was dir alles für schöne und positive Situationen widerfahren.

Du benötigst nichts weiter als ein leeres Glas, welches du verschließen kannst, einen Stift und ein paar kleine Zettel.

Du schreibst jeden Tag etwas auf diesen kleinen Zettel, was dir an diesem Tag besonders gut gefallen hat und steckst ihn in das Glas.

Dies kann sein, dass du ein großartiges Gespräch mit deiner Freundin/ deinem Freund geführt hast, dich jemand an der Supermarktkasse vorgelassen hat oder einfach eine Situation, in der du dich sehr wohl gefühlt hast.

Es reicht, wenn du jeden Tag einen kleinen Zettel in dieses Glas steckst. Solltest du an einem Tag besonders viele Erlebnisse gehabt haben, die sehr schön waren, kannst du natürlich auch mehrere hineinstecken.

Danach verschließt du dieses Glas wieder.

Nun kannst du immer, wenn du dich traurig fühlst oder unzufrieden mit dir und der Welt bist, dieses Glas öffnen und dir all die schönen und positiven Ereignisse in deinen vergangenen Tagen durchlesen.

Du wirst schnell merken, dass egal welche negativen Situationen auf dich zukommen, es immer ein paar schöne Dinge im Leben gibt, für die es sich lohnt, jeden Tag ein Stück weit an sich selbst zu arbeiten und vor allem glücklich mit sich selbst zu sein.

Wende dich von dem Verlangen ab alles
und jeden in deinem Umfeld zu
verstehen

Manche Situationen kann man nicht
verstehen, einige erst mit einer gewissen
Zeit und Abstand und es gibt sogar
Menschen, die wollen gar nicht
verstanden werden.

Hier ist ein wesentlicher Punkt gefragt,
den du unbedingt begreifen und auch für
dich einhalten musst:

-Akzeptanz-

Hör auf dich zu Fragen, warum einige
Leute so handeln wie sie es tun oder
etwas sagen.

Mach ihr Problem **NIE** zu deinem, dann
lebst du wesentlich ruhiger und
entspannter.

Akzeptiere es einfach!

Frage dich nicht, warum Menschen von dir Abstand nehmen.

Vielleicht kommen sie gerade mit sich selbst nicht zurecht oder sie brauchen einfach Zeit für sich.

Es liegt nicht an dir und dies musst du dir bewusst werden.

Desto mehr dir klar wird, dass du genug bist und keineswegs schuld bist an irgendeinem Verhalten anderer Personen, desto mehr kommst du mit dir selbst ins Reine und zu dir selbst.

Dies ist eine sehr wichtige Phase und oft wirst du in dieser Entwicklungsphase Tränen vergießen, aber es führt dich zur Akzeptanz.

Wenn du diese 3 wichtigen Dinge gelernt hast, kann dich niemand mehr zum Opfer machen.

Wenn du alles verstanden hast und auch wirklich willst, dass du diese Begriffe in deinem Leben ausführst, dann wirst du

eine gesunde Selbstliebe verspüren, die
Geduld haben, die Ziele dann geschehen
zu lassen, wenn es Zeit für sie ist und
das akzeptieren, was auf dich zu kommt.

Jetzt weißt du was du an dir ändern
musst und vielleicht bist du schon mitten
in deiner Entwicklungsphase.

Im nächsten und letzten Kapitel werde
ich dir aufzeigen, wie du dich am besten
von deinem narzisstischen Partner
trennst und worauf du dich gefasst
machen musst.

Es wird nicht einfach sein, sich aus
dieser Sucht nach ihm zu entreißen und
auch einen ersten Schritt in ein Leben,
ohne ihn zu machen.

Doch wenn du es getan hast und so viel
kann ich dir verraten, wirst du dich
besser fühlen.

Meine Freundin, von der ich dir anfangs
berichtete, ist gerade genau in dieser
Trennungsphase und als wäre es ein
aufgestellter Plan, den jeder Narzisst hat,

hat sich ihr narzisstischer Partner genauso verhalten, wie wir es erwartet haben.

Sie ist dabei sich selbst zu ändern und die Beziehung zu ihm zu beenden.

Es fällt ihr oft nicht leicht und sie ertappt sich dabei, wie sie manchmal in alte Verhaltensweisen zurück verfällt.

Dies ist jedoch keine Schande!

Es ist gut, wenn man es bemerkt und sich dann schließlich gleich korrigiert und an seinen Zielen (ihn loszulassen und zu sich selbst zu stehen) festhält.

Auch ich, obwohl ich es geschafft habe, von ihm weg zu kommen, blicke manchmal auf einige gemeinsame Situationen zurück.

Natürlich war nicht alles schlecht an diesem Menschen.

Jedoch wenn ich zurück blicke sehe ich es dieses Mal mit anderen aufgeklärten Augen und einem gewissen potential an Selbstvertrauen und Selbstliebe.

Heute kann ich schmunzelnd sagen, dass
es der richtige Schritt war sich von
meiner Sucht nach ihm zu lösen.

Ich hoffe, dass ich auch dir aufzeigen
kann, dass du mehr wert bist, als dir ein
Narzisst einredet oder aufzeigt und dass
auch du dazu bereit bist ein Leben ohne
Sucht und Abhängigkeit zu diesem
Menschen zu führen.

Alles was du brauchst ist einen starken
Willen und die Erkenntnis, dass du dein
Leben nicht abhängig von den Launen
und Willen einer anderen Person machen
musst.

Befreiung/ Trennung

von einem Narzissten

Du bist also dabei dich zu ändern und dich so zu lieben und zu akzeptieren, wie du bist.

Das ist schon gut, denn genau darauf musst du dich nun zu 100 %verlassen!

Es wird nicht einfach ihn für immer zu verlassen, aber es hat auch keiner gesagt, dass es wirklich einfach wird.

Viel wichtiger als es einfach erscheinen zu lassen ist doch, dass es effektiv ist.

Im besten Fall hat er gerade wieder eine Phase, in der er dich wegstößt.

Dies kommt dir zugute, denn einen Menschen, der sich gerade wieder über Tage oder Wochen nicht bei dir meldet, kannst du schneller vergessen!

Sollte er dich gerade nicht ignorieren,
sondern dir die Schuld an allen geben,
mach bitte folgendes:

1. Du schreibst ihn einen letzten
   Text, indem du ihm klar und
   deutlich erläuterst, wie sehr und
   mit was er dir weh tut.
   Du machst ihm klar, dass du eine
   eigenständige Person bist, die auf
   diese Spielchen nicht angewiesen
   ist.
   Zeige ihm auf, dass du ihn sehr
   wohl durchschaut hast und nicht
   länger seine Marionette bist.
   Du bist es dir wert und da er
   nicht zu dir steht und dich
   schlecht behandelt, muss er weg.
   Er wird nicht länger Teil deines
   Lebens sein und schon gar nicht
   dein Mittelpunkt.
   Du hast DEIN Leben und da
   gehört er nun nicht mehr hin.

Diesen Text schreibst du allerdings nur, wenn er dich gerade nicht zur Seite gestellt hat.

Wenn er dich schon ignoriert oder dich sogar für ein paar Stunden gelöscht hat, **dann schrieb ihm auf keinen Fall!**

Dies ist sehr wichtig, dass du diesen Rat annimmst.

Folgendes würde nämlich passieren, wenn er dich bereits ignoriert:

Er würde denken, du suchst wieder seine Aufmerksamkeit und sich darüber freuen. Nach ein paar Diskussionen und die Tatsache, dass er nun wieder erzählen kann, dass du verrückt bist und ihn ständig um Aufmerksamkeit anbettelst, wird er wieder auf Kuschelkurs mit dir gehen wollen.

Das ist auf keinen Fall das was wir erreichen wollen!

Du musst dir völlig im Klaren darüber sein, dass du dich exakt so benehmen musst, wie er es nicht von dir kennt oder erwartet.

Du musst also die starke und selbstbewusste Person sein, die du in den letzten Tagen und Wochen geworden bist und zu dir und deiner Meinung stehen.

Sei dir im Klaren, dass selbst wenn er wieder mit dir lieb und nett schreibt oder redet, dies nur von kurzer Dauer ist.

Du machst genau das, was er nicht will.

Du entziehst ihm deine Liebe und Aufmerksamkeit, indem du ihm deutlich machst, dass DU dich nicht länger so behandeln lässt, denn **DU bist es DIR wert.**

Mach dir keinen Kopf darüber, was vorgefallen ist, bevor er dich ignoriert hat.

Es ist nicht deine Schuld. Es ist auch völlig egal wie du nun dastehst vor allen anderen Menschen und was er denen über dich erzählt hat.

Wichtig ist, dass DU die Wahrheit kennst und nicht wieder in die „Ich bin schuld!" Schiene rutscht.

2. Nachdem er nun deine Nachricht erhalten hat, gib ihm am besten nicht die Chance sich zu erklären. Dies würde nur wieder darauf hinauslaufen, dass du versuchst ihn zu verstehen und ihm seine liebevolle Art abnimmst, die er dir für kurze Zeit vorspielt.
Du gehst nun einen Schritt weiter und löscht ihn aus allen Social-Media-Kanälen, die euch gemeinsam verbinden.
Lösche ihn aus Facebook, Instagram, Telegram und Whats App und am besten du blockierst ihn.

Ich weiß, dass dies der vermutlich schwerste Schritt für dich sein wird.

Es ist nicht einfach jemanden komplett aus seinem Leben zu löschen, den man als seinen Mittelpunkt im Leben gesehen hat und teilweise vergötterte.

Aber sei dir im Klaren, wie dich seine narzisstischen Verhaltensweisen gekränkt haben.

Stell dir oft die Frage:

Was ist, wenn ich wieder einlenke?

Wird sich dann etwas verändern?

Wird er anders zu mir sein?

Die Antwort heißt:

NEIN!

Er wird verwundert sein und versuchen dich auf irgendeine Weise zu kontaktieren und vielleicht kommt er sogar zu dir.

Jetzt musst du hart bleiben.

Natürlich kannst du ihm deine Gefühle offenbaren und sagen, dass du ihn liebst und ihn möglicherweise auch immer lieben wirst.

Jedoch solltest du ihm auch im selben Atemzug klar machen, dass du dich trotz deiner Gefühle zu ihm, gegen eine gemeinsame Zukunft mit dem Narzissten entscheidest.

Niemand hat schließlich behauptet, dass du aufhörst ihn zu lieben oder die Gefühle völlig abstellst.

Alles was du damit tust ist dich von der Art wie er dich behandelt abzugrenzen.

Sei dir bewusst, dass es andere Menschen auf der Welt gibt, die sich freuen würden eine Person wie dich auszuführen oder einfach mit dir zu kommunizieren.

DU bist es wert glücklich zu sein und dich mit Menschen zu umgeben die dich schätzen.

Weise ihn also höflich und mitfühlend ab und lass dich nicht auf seine Spielchen ein.

Du könntest etwas sagen wie:

„Vielleicht können wir irgendwann
mal wieder Kontakt aufbauen oder
etwas Trinken gehen, aber jetzt
möchte ich erstmal allein ohne dich
meine Wege gehen"

Dies klingt nicht gleich so schroff
und lässt ihn nicht völlig auf den
Boden knallen.

Schließlich wissen wir, dass ein
Narzisst nicht unbedingt gewollt hat
einer zu sein.

Es ist immer noch eine
Persönlichkeitsstörung.

3. Nun gehst du noch einen Schritt
   weiter.
   Du löscht alle gemeinsamen
   Erinnerungen. Alle Bilder aus
   deinem Handy oder deiner
   Wohnung müssen weg.
   Geschenke, die er dir machte,
   haben von nun an keinen Platz
   mehr in deinem Leben.

Dieser Schritt fällt sehr schwer, aber es ist wichtig für dich, dass du ihn gehst.

Wenn du Erinnerungen an deinen ehemaligen Partner aufhebst, wirst du nie wirklich über ihn hinwegkommen.

Du musst dich von ihm befreien und das geht nur, wenn du alles aus deinem Sichtfeld schaffst, was dich an ihn erinnert.

Mir ist es sogar passiert, dass ich ihm kurz nach dem ich mich von ihm befreien wollte des Öfteren über den Weg gerannt bin. Mein Herz schlug bis zum Hals und ich hatte das Gefühl einfach umzukippen.

Aber da musste ich durch. Ich redete mir ein, dass er mit einer anderen Frau glücklicher ist. Oft bekam ich jedoch auch über Freunden mit, dass er nicht so glücklich mit der neuen Frau an seiner Seite war oder dass er durch meine Straße fuhr oder mich im Internet auf meinen Profilen besuchte.

Es tat ehrlich gesagt gut zu wissen, dass er noch an mir hängt und gleichzeitig stellte ich mir die Frage: „Lohnt es sich ihn wieder zu kontaktieren?"

Die Antwort darauf war nein!

Selbst die neue Frau von ihm besuchte mich auf Social-Media und versuchte mich auszuhorchen mit Nachrichten über ihn. Bei so einer Situation muss man kalt sein und heimlich in sein Kissen heulen, so hart es auch klingen mag.

Natürlich hat es mich nicht kalt gelassen, dass er nach mir schaut oder dass sie mir böse Texte schickte. Jedoch habe ich es ihnen nicht spüren lassen, wie es mir damit ging.

Aus heutiger Sicht kann ich sagen, dass ich mit einem lachenden und einem weinenden Auge auf seine Bilder schaue.

Einerseits fragte ich mich ständig, warum alles so geschehen ist, aber darauf werde ich keine Antwort bekommen.

Also fing ich an diese Situation so zu akzeptieren, wie sie nun mal ist.

Wir schreiben noch zu Weihnachten oder besonderen Anlässen.

Jedoch weite ich unsere Gespräche nie aus, denn wenn man einmal einen Menschen geliebt hat, wird man ihn nie 100% hassen! Die Art wie er mich jedoch behandelt hat, möchte ich kein zweites Mal im Leben durchmachen müssen und dies schreckt ab wieder mehr Kontakt zu halten.

Zum anderen genieße ich es auch sehr, dass er mich nicht völlig vergessen hat. Dies gibt mir sehr viel Selbstwert.

Dass er mich noch immer so verliebt ansieht wie früher, wenn sich nun die Wege kreuzen, macht mir heute auch nichts mehr aus. Ich wünsche ihm viel Glück im Leben, aber eine Beziehung kann er bis heute noch nicht führen, weil er ein Narzisst ist und dies viele Frauen abschreckt.

Wie du siehst, wurde ich auch noch sehr oft mit ihm konfrontiert, aber das musste nicht immer schlecht sein.

Wenn ich zum Beispiel sah, dass er sich wieder mit einer anderen Frau getroffen hat und er mir in der Stadt begegnete, machte es mich zwar traurig, aber es bestätigte das typische Verhalten eines Narzissten. Ich versuchte die Traurigkeit in Wut umzuwandeln. Das ist das Beste was du tun kannst in dieser Situation.

Wenn dir also dein narzisstischer Partner mit einem neuen Menschen an seiner Seite begegnet, dann geh nicht hin und mache ihm eine Szene, sondern geh mit erhobenem Haupt an ihn vorbei. Dies verwirrt ihn, da er nicht mit so einer Reaktion von dir gerechnet hat.

4. Triff dich auch mal mit neuen Menschen. Keiner erwartet, dass du gleich den nächstbesten heiratest.
Geh raus, triff Freunde und lerne neue Menschen kennen.

Es ist keine Schande neue Bekanntschaften zu machen und wer weiß, vielleicht ist nach dieser Strapaze auch genau der richtige Partner dabei.

Wichtig ist hierbei, dass du bevor du eine neue Beziehung eingehst den zukünftigen Partner genau prüfst, ob er nicht auch eine narzisstische Angewohnheit hat. Sollte dies der Fall sein: Dann rette sich wer kann!

Sollte der zukünftige Partner jedoch genau das Gegenteil sein und dich auf Händen tragen, dann **gib ihm eine Chance**.

Liebe ist nicht einfach so da, wenn du es willst. Die meisten Beziehungen entstehen, noch bevor die Liebe angefangen hat zu wachsen. Sage deinem neuen Partner offen und ehrlich, was dir in der narzisstischen Partnerschaft widerfahren ist, denn nur so kann er/ sie dich verstehen und dich besser behandeln.

Es ist egal, ob mit neuem Partner oder ohne! Wichtig ist, dass du nie wieder an dir selbst zweifelst und dich abhängig von einem anderen Menschen machst.

Bevor man einen anderen Menschen lieben sollte, sollte man sich zuerst selbst die nötige Liebe und Respekt geben.